알면 알수록 더 궁금해지는 **놀라운 생화학 교실**

"BABY BIOCHEMIST : DNA"

카라 플로렌스 지음 | **정회성** 옮김

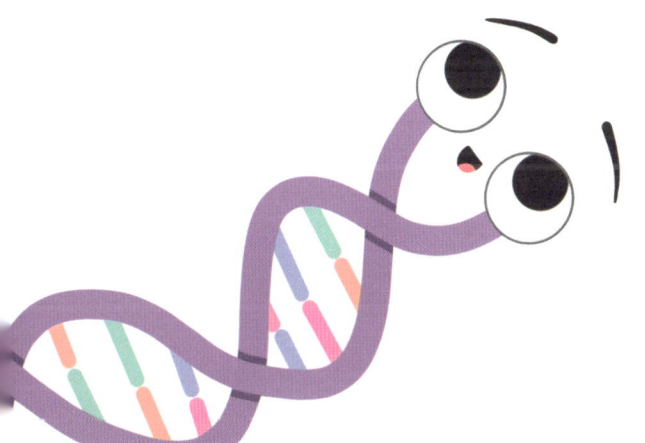

여기 **세포**가 있어요.

우리 몸에는 **수십조 개**에 이르는 세포가 있어요.
이 세포들은 저마다 하는 일도 모양도 달라요.

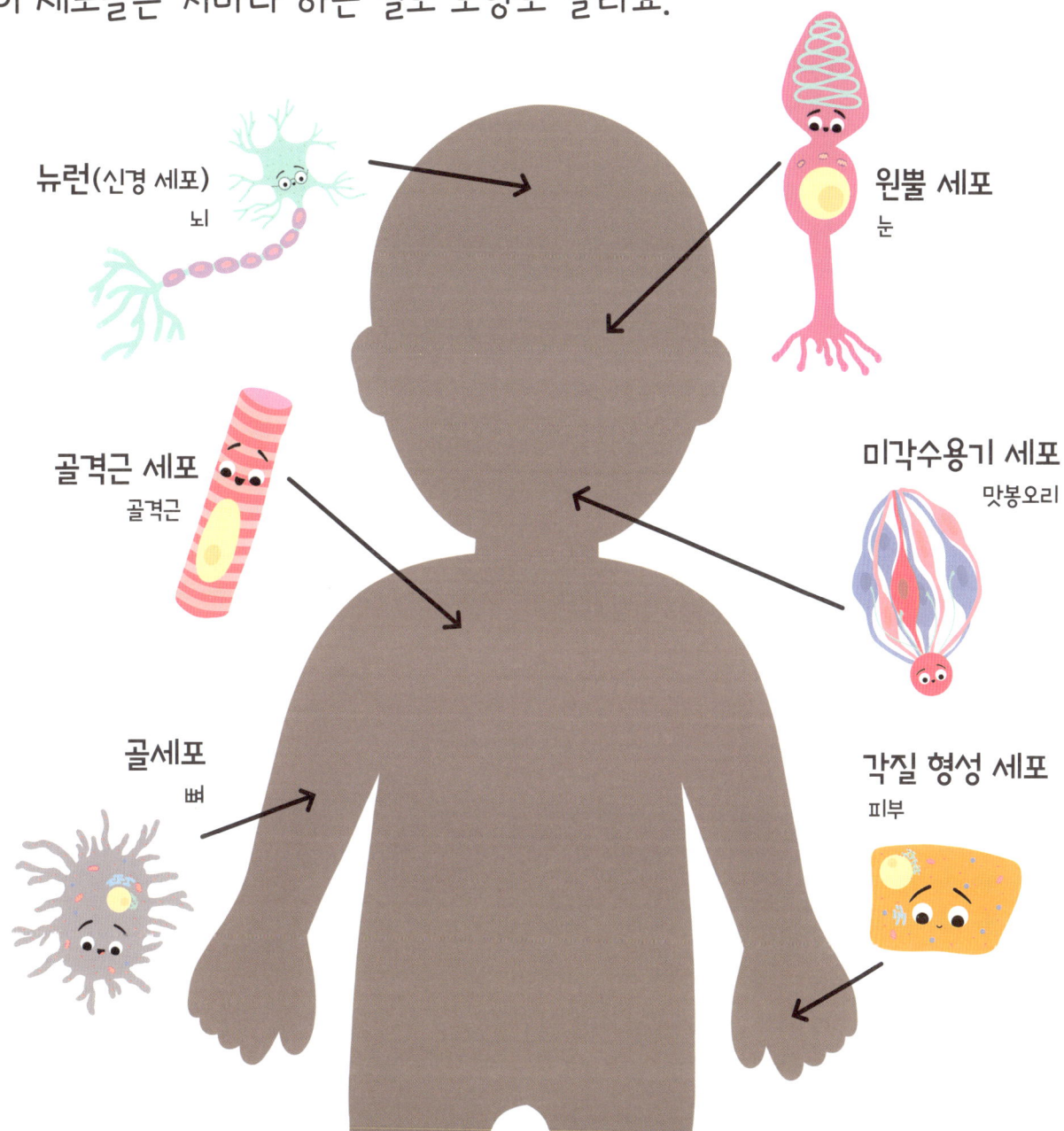

세포들은 저마다 역할이 있어요.

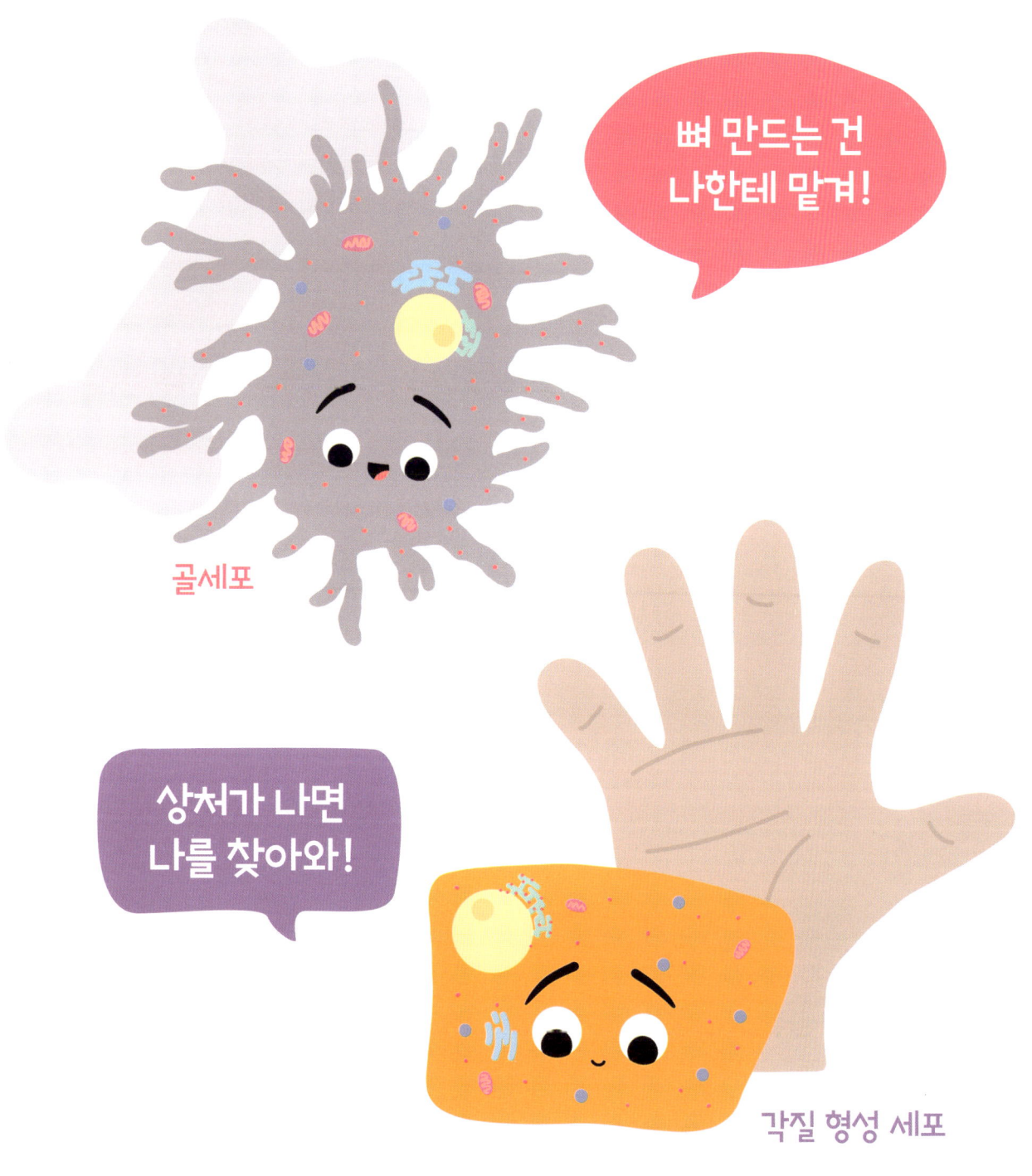

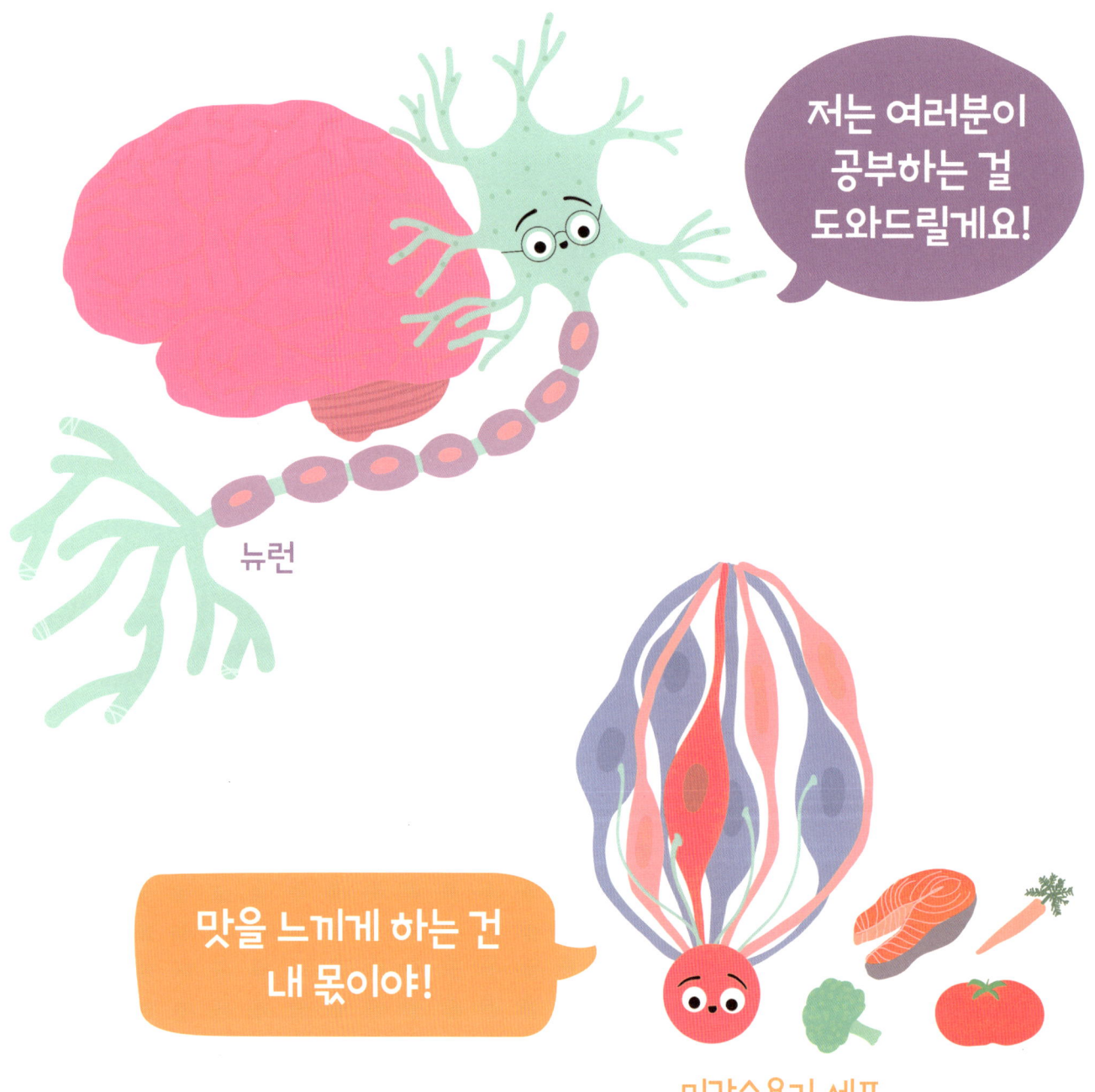

그런데 세포들은 자기 임무를 어떻게 아는 걸까요?
누군가가 **명령**을 하기 때문이에요.

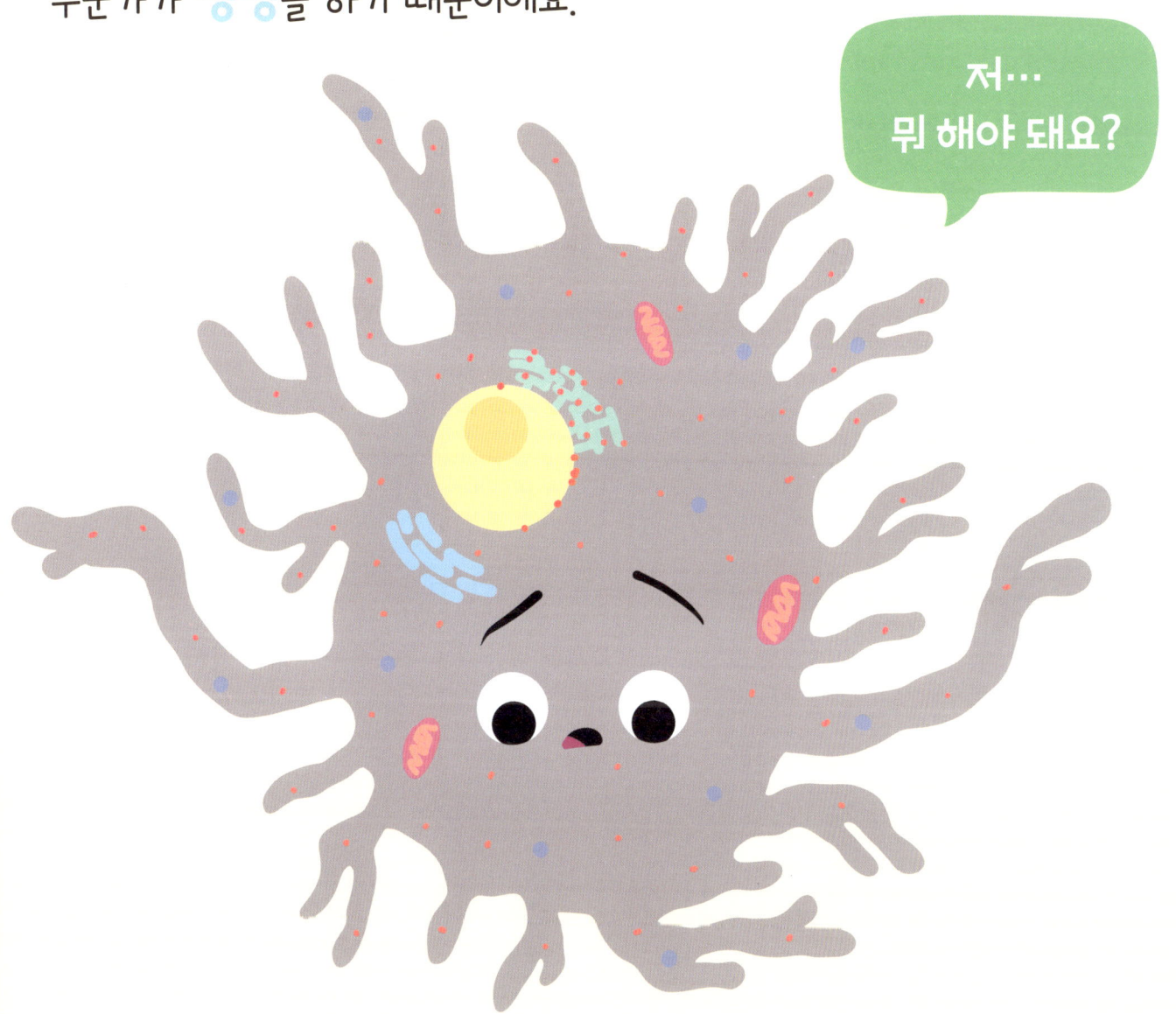

세포가 할 일을 정해 주는 건 바로 **유전자**예요.
유전자는 **DNA**라는 기다란 분자로 이루어져 있는데,
세포의 **핵** 속에 안전하게 들어 있답니다.

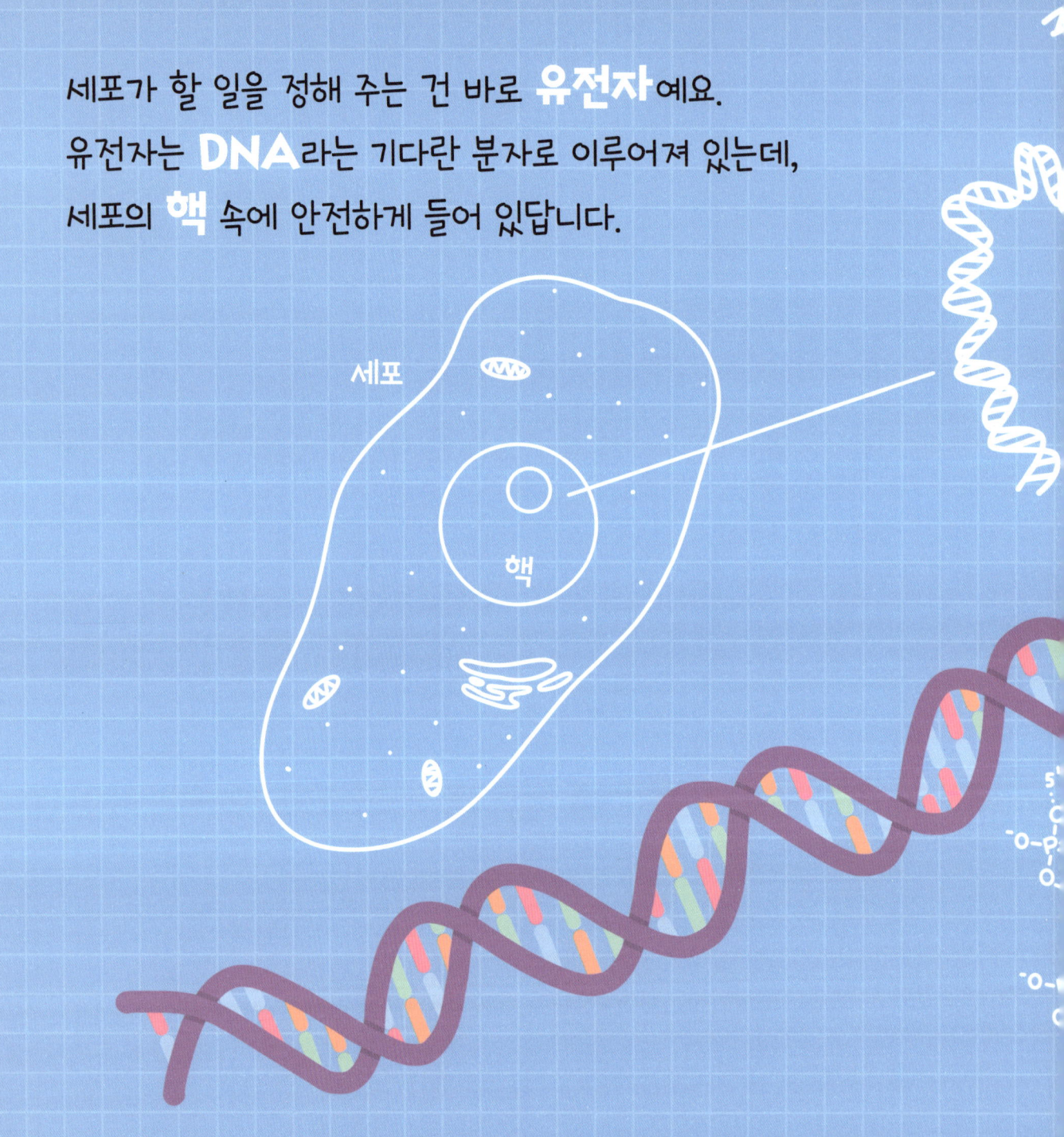

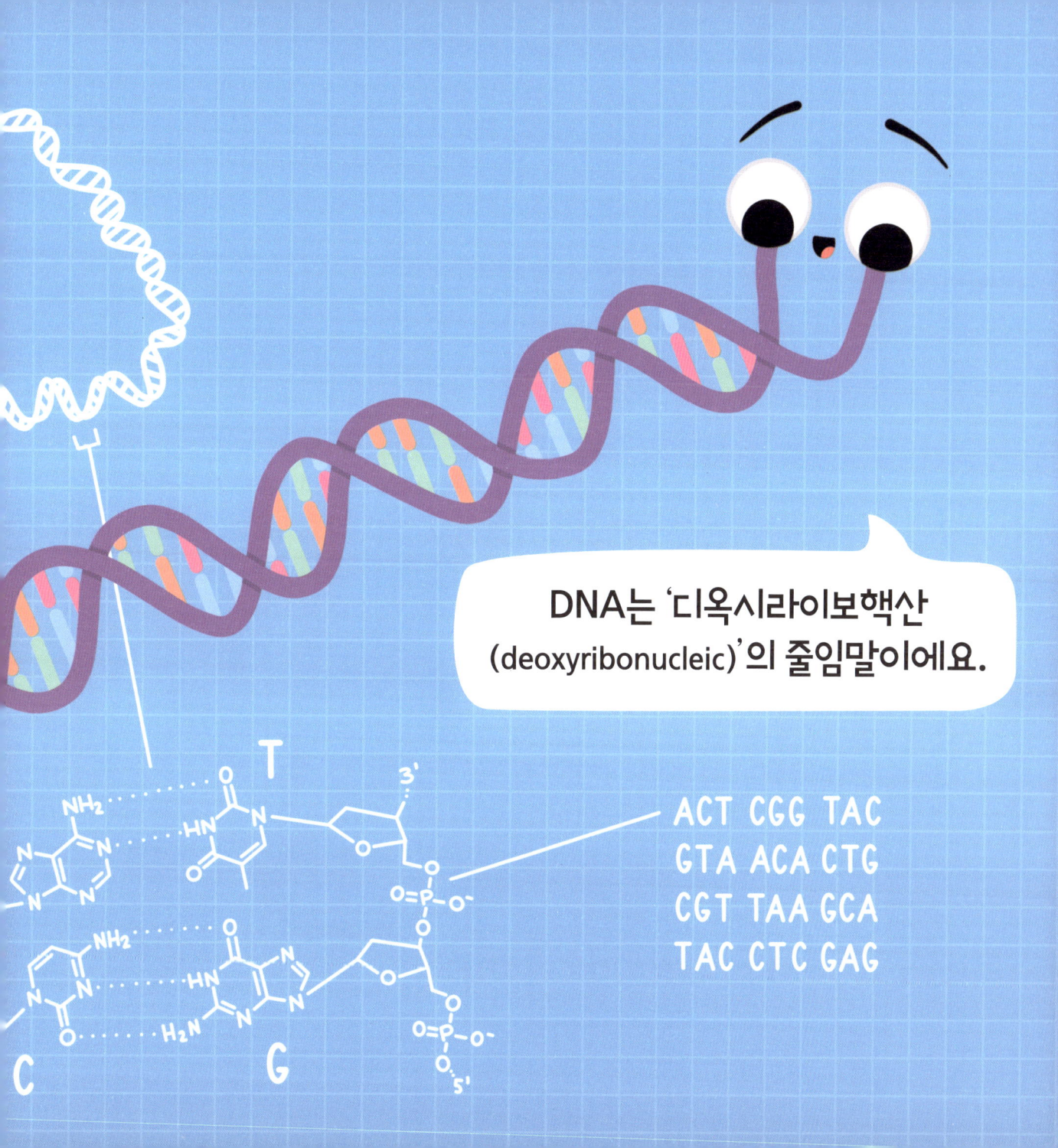

DNA는 **뉴클레오타이드**라고 불리는 네 가지 분자로 이루어져 있어요.

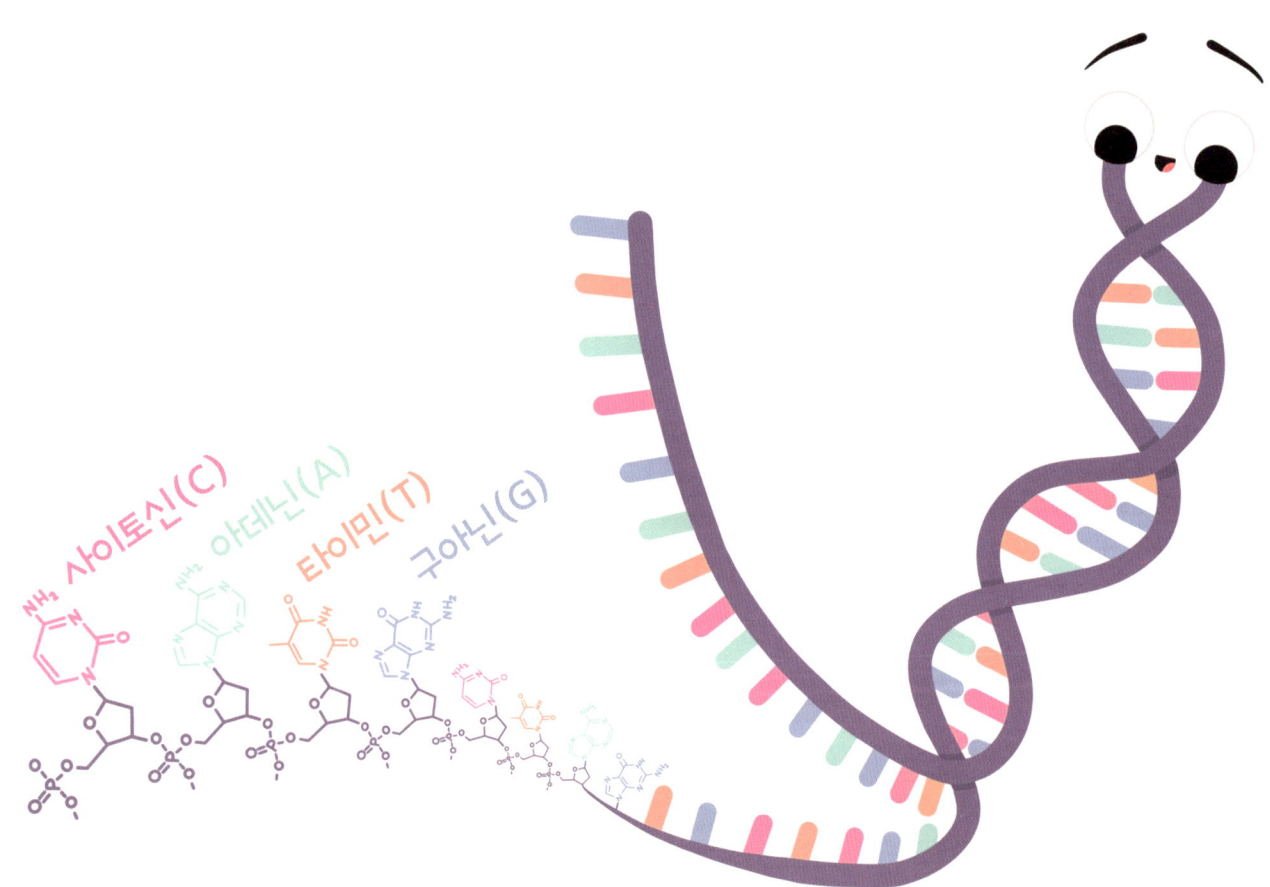

우리가 무언가를 알기 위해
단어로 이루어진 글을 읽는 것처럼,
세포는 분자로 이루어진
뉴클레오타이드를 읽는답니다.

두 가닥의 DNA가 서로 꼬여서 **이중 나선**이라 불리는 모양을 만들어요.

이중 나선

여러분은 팔을 이중 나선처럼 꼴 수 있나요?

이중 나선 구조는 유전자를 안전하게 보호하고,
세포가 아주아주 작은 공간에
DNA를 많이 담을 수 있도록 도와줘요!

세포는 무언가를 만들어야 할 때, 올바른 명령을 내려 줄 특별한 유전자를 찾아요. 아래 그림의 세포는 여러분이 몸을 움직이려고 할 때 도움을 줄 단백질을 만들려고 해요.

바로 **마이오신**이라는 단백질이에요.

우리 같이 마이오신을 도와줘요!
마이오신을 만드는 유전자는 이 세포의 핵 속에 있어요.

핵이 어디에 있는지 찾았나요?

이제 핵 안으로 들어가서 더 자세히 살펴볼게요!

우아! 마치 스파게티 같아요! **DNA**는 모든 명령이 세포에 들어갈 수 있게 아주 촘촘하게 들어차 있어요.

마이오신을 만드는 유전자를 좀 더 자세히 살펴볼까요?

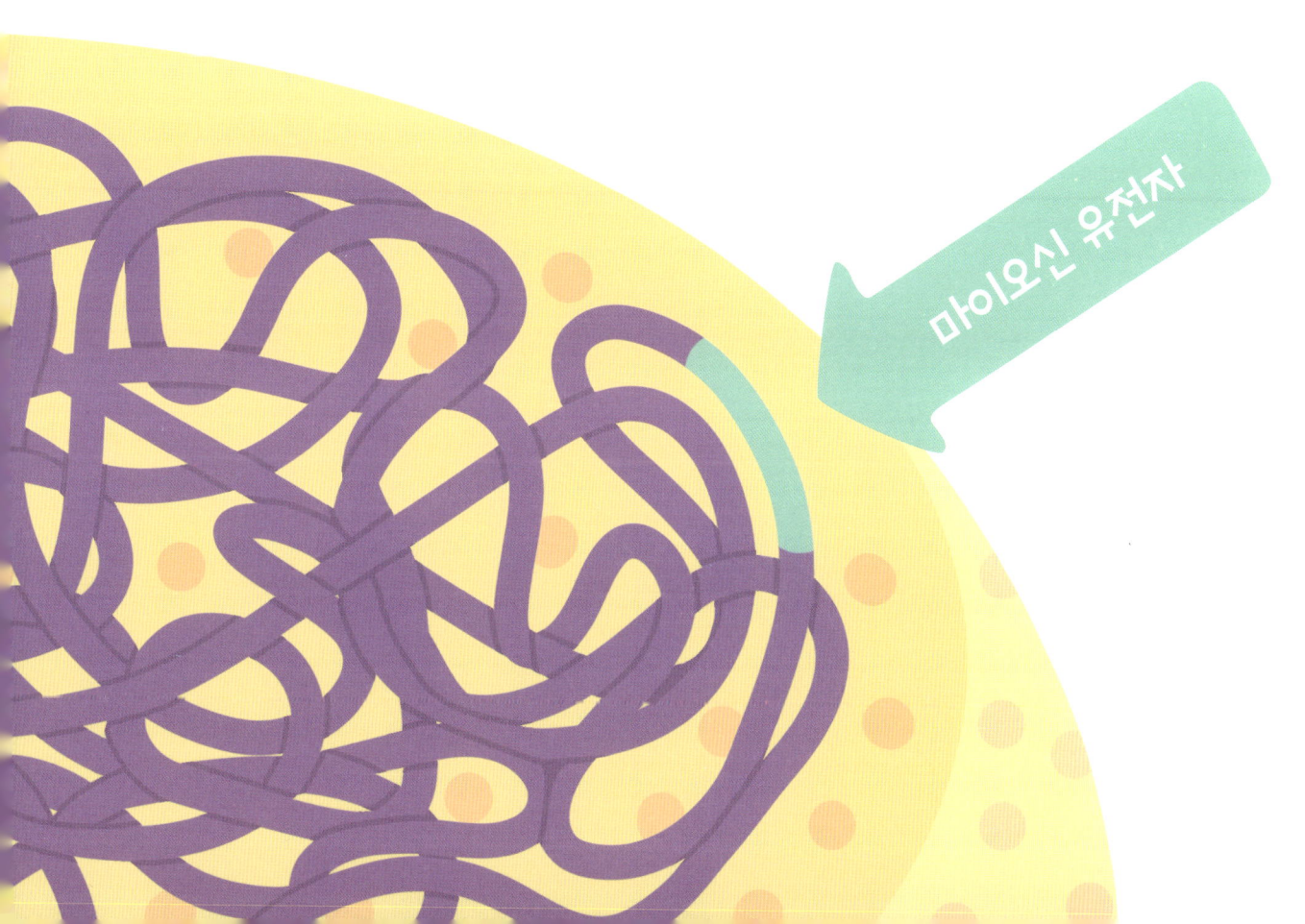
마이오신 유전자

이제 거의 다 왔어요! **DNA**는 세포가 올바른 명령을 찾을 수 있도록 이루어져 있어야 해요.

DNA를 더 자세히 살펴볼까요?

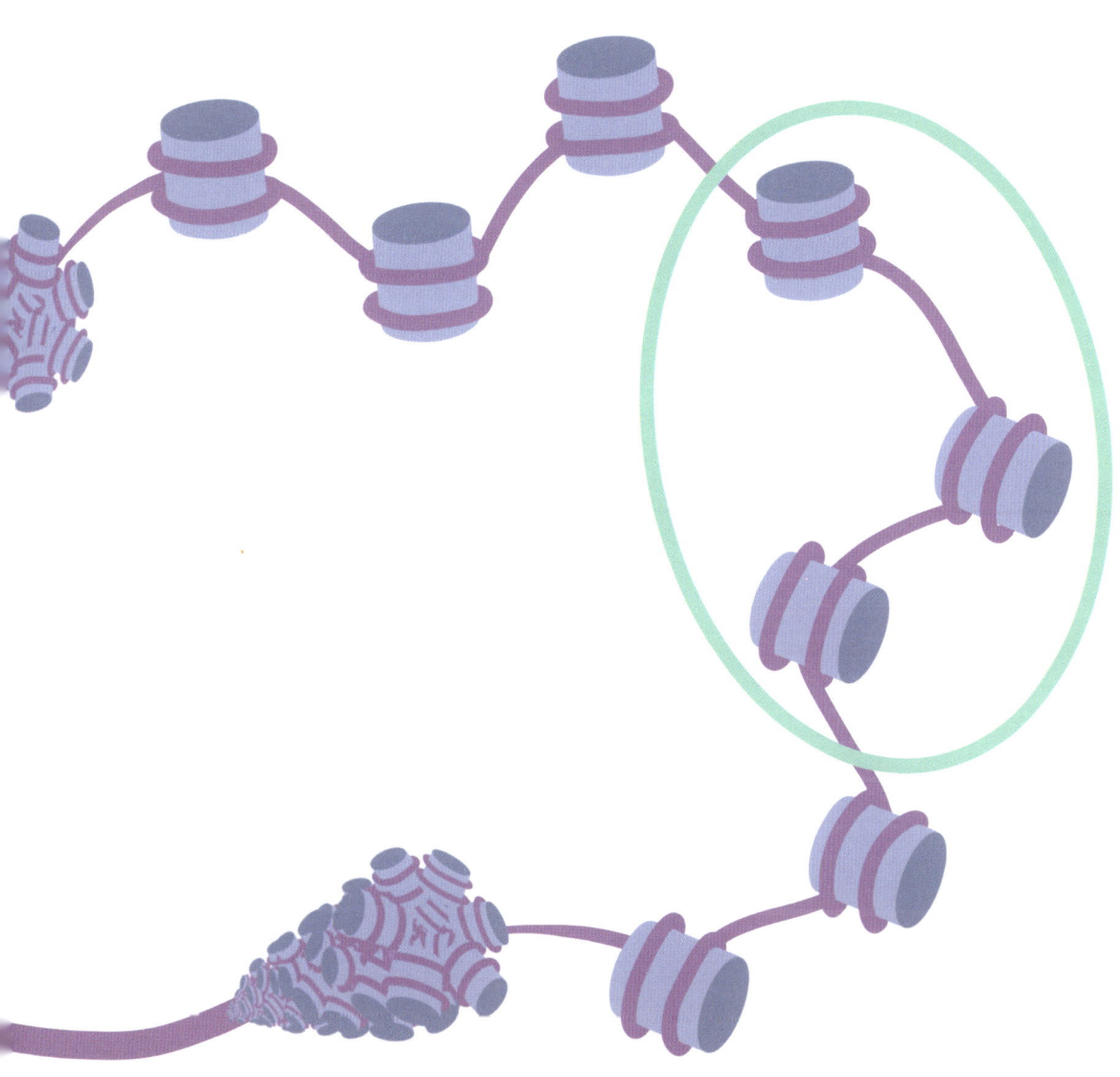

마이오신 유전자를 찾아냈어요! 고마워요!
이중 나선이 보이나요?

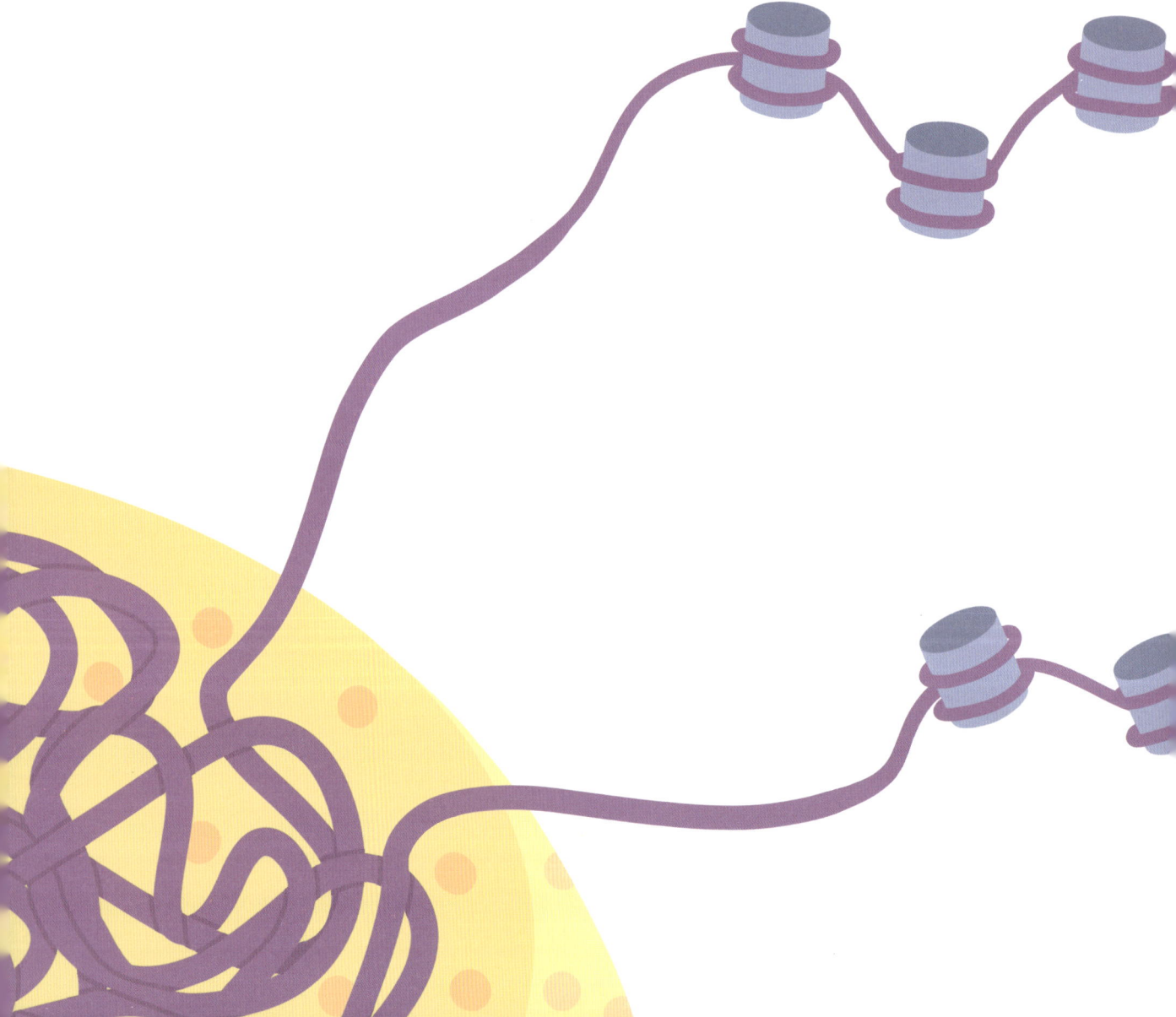

세포는 **단백질**의 도움을 받아서 자신이 받은 명령을 읽을 수 있어요.

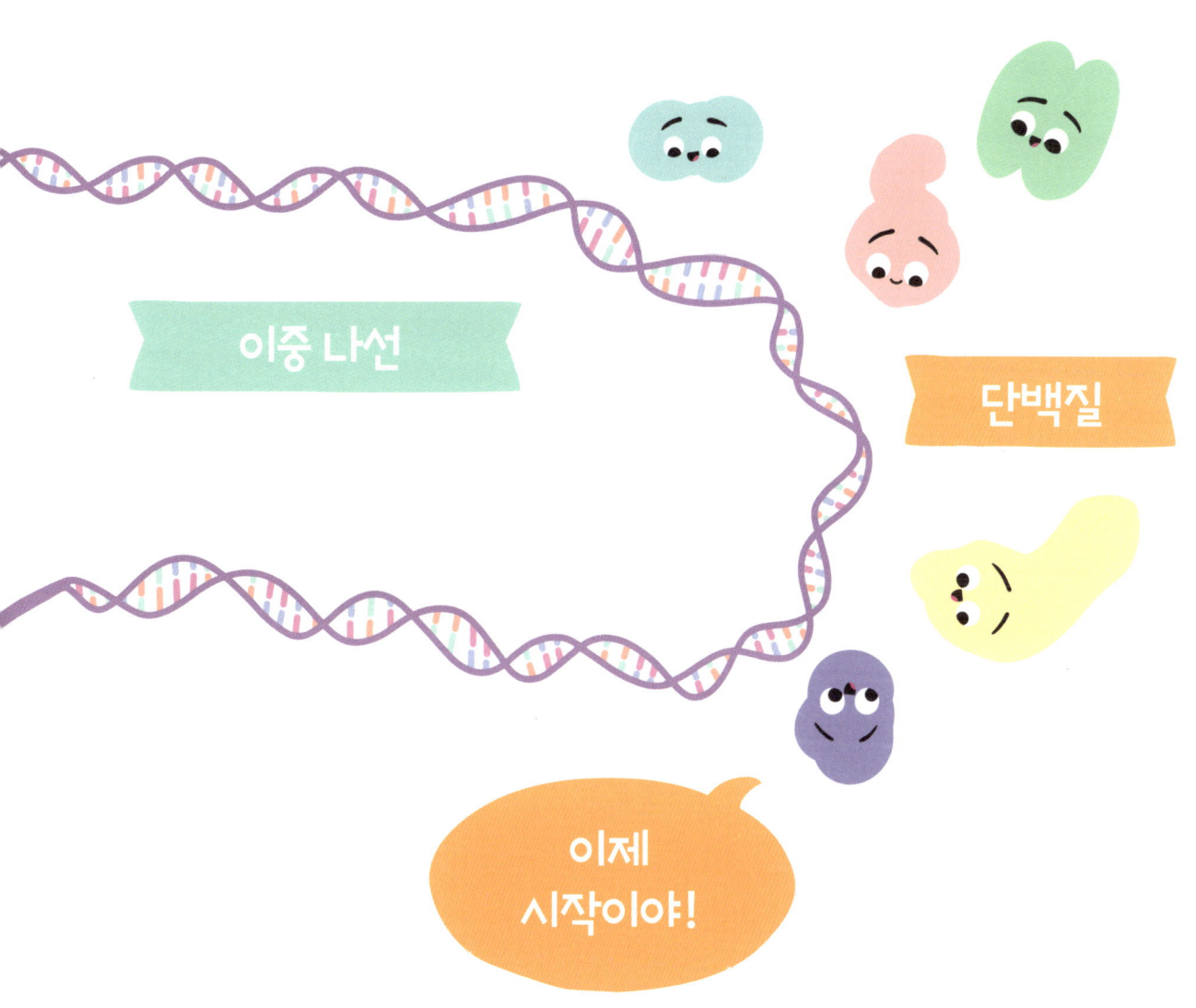

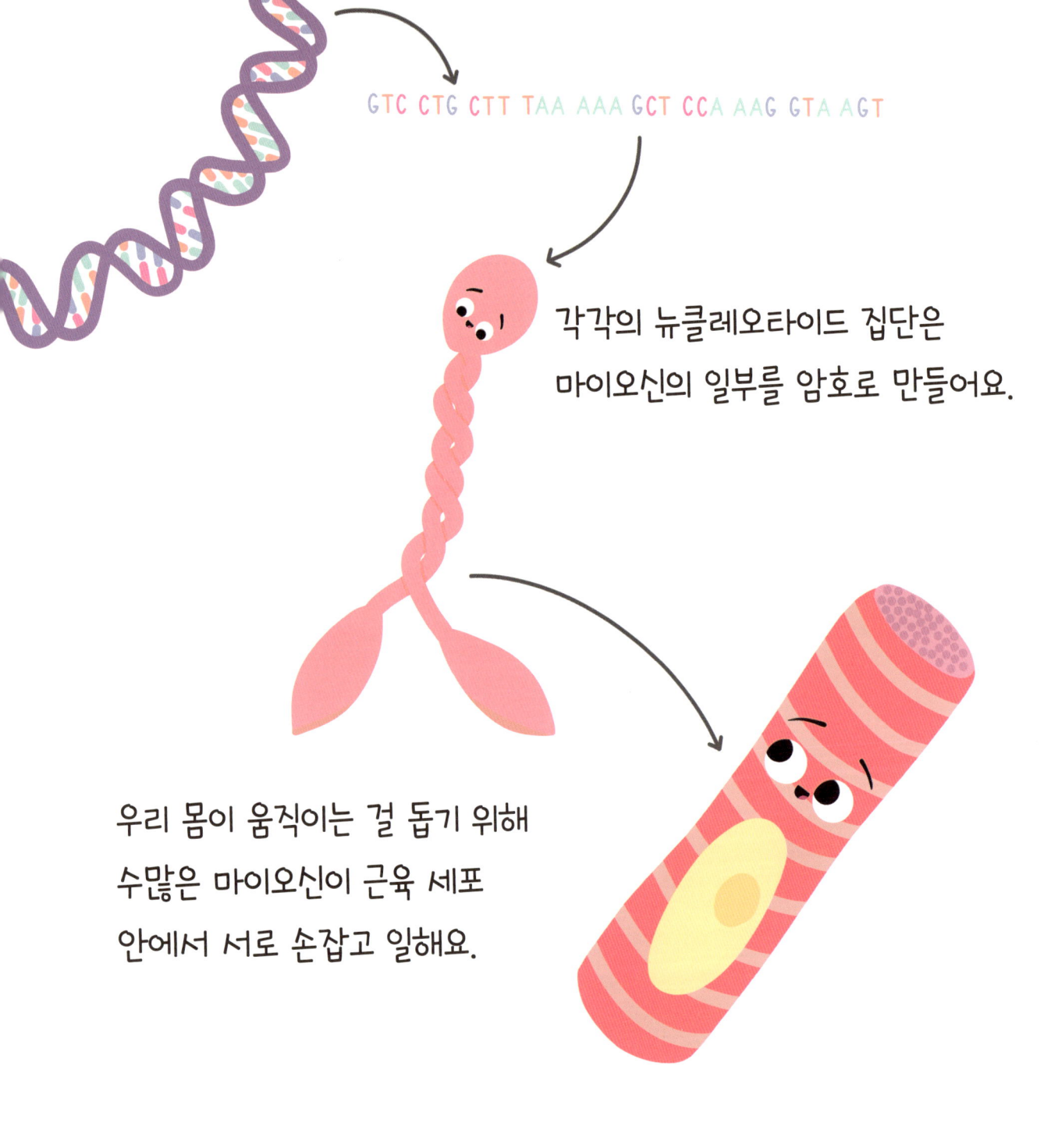

이제 우리 몸의 세포가 DNA를 얼마나 잘 찾아냈는지 시험해 볼까요?
몸을 움직여 볼래요? 춤을 춰 볼래요?
잘 되네요! 좋아요!

여러분도 훌륭한 과학자가 될 수 있어요.
어쩌면 DNA를 연구할 수도 있겠지요!

DNA

초판 1쇄 발행 2023년 11월 15일

지은이 카라 플로렌스 **옮긴이** 정회성

펴낸이 김현태 **펴낸곳** 책세상어린이 **등록** 2021년 1월 22일 제2021-000032호

주소 서울시 마포구 잔다리로 62-1, 3층(04031) **전화** 02-704-1251 **팩스** 02-719-1258

이메일 editor@chaeksesang.com **광고·제휴 문의** creator@chaeksesang.com

홈페이지 chaeksesang.com **페이스북** /chaeksesang **트위터** @chaeksesang

인스타그램 @chaeksesang **네이버포스트** bkworldpub

ISBN 979-11-5931-785-9 74080
ISBN 979-11-5931-969-3 (세트)

잘못되거나 파손된 책은 구입하신 서점에서 교환해 드립니다.
책값은 뒤표지에 있습니다.
책세상어린이는 도서출판 책세상의 아동·청소년 브랜드입니다.
전 연령의 어린이에게 적합한 도서입니다. Printed in Korea

All rights reserved
including the right of reproduction in whole or in part in any form.
This edition published by arrangement with Sourcebooks, LLC.
This Korean translation published by arrangement with
Chris Ferrie in care of Sourcebooks, LLC through Alex Lee Agency ALA.

이 책의 한국어판 저작권은 알렉스리에이전시 ALA를 통해 Sourcebooks, LLC사와 독점 계약한 책세상에 있습니다.
저작권법에 의해 한국 내에서 보호를 받는 저작물이므로 무단 전재와 복제를 금합니다.

지은이 **카라 플로렌스**

생화학자예요. 미국 이오나대학교에서 화학을 공부한 뒤 콜로라도 볼더대학교에서 생화학 박사 학위를 받았어요. 딸 셋과 함께 요리하고 실험하는 것을 즐기며, 어렸을 때부터 과학을 쉽고 친밀하게 느낄 수 있도록 어린이를 위한 책을 쓰고 있어요.

옮긴이 **정회성**

도쿄대학교 대학원에서 비교문학을 공부하고 성균관대학교와 명지대학교에서 번역 이론을 강의했어요. 지금은 인하대학교 영어영문학과 초빙교수로 재직하면서 번역가로 활동하고 있어요. 《피그맨》으로 2012년 IBBY(국제아동청소년도서협의회) 어너리스트(Hornor List) 번역 상을 받았어요. 옮긴 책으로 《위대한 개츠비》, 《인간 실격》, 《동물 농장》, 《월든》, 《이게 모두 사실이라고?》 등이 있고, 쓴 책으로 《혼자서도 술술 영어 일기 쓰기》, 《책 읽어 주는 로봇》, 《내 친구 이크발》 등이 있어요.

'키즈 유니버시티 시리즈' 사용 설명서

동화책을 읽어 줄 때처럼, 이 책도 열정을 가지고 읽어 주세요. 엄마나 아빠, 선생님 같은 어른들이 관심을 가진다면, 아이들도 그만큼 책에 주의를 기울일 거예요. 아이들이 이해할 수 있도록 도와주면서 호기심을 자극하세요. 과학이 중요하다는 사실을 알려 주세요.

아이들은 때때로 그림에만 흥미를 느끼고, 내용을 이해하지 못해 답답해하며 질문을 쏟아 낼지도 모릅니다. 그러면 가장 먼저 아이를 칭찬해 주세요. 또 함께 풀어 보자고 의욕을 북돋워 주세요. 생각과 질문이 얼마나 중요한 것인지도 얘기도 주시고요. 정답을 알지 못해도 괜찮다고 다독이며, 때로는 답을 찾아가는 과정이 더 재미있다는 것도 알려 주세요. 아이가 던지는 질문에 대한 가장 좋은 대답은 바로 "네 생각은 어떠니?"라고 되묻는 것입니다.

자신의 생각을 잘 표현하는 아이로 성장하려면, 학습이 하나의 과정이라는 사실을 꼭 이해해야 합니다. 성공은 단순히 정답을 맞히는 것 이상의 의미를 갖습니다. 성공이란 질문을 던질 수 있는 용기, 답을 찾아내려는 끈기, 틀렸을 때 다시 일어설 수 있는 회복력을 갖추는 것을 의미합니다. 틀려도 괜찮습니다. 모든 실패는 성공을 향한 걸음이니까요. 이 걸음에서 어른들의 역할은 아이에게 과학을 가르치고 사실을 알리는 것에 그치지 않고, 평생 배움을 이어 나가는 데 필요한 기술과 마음가짐을 깨우치게 하는 것입니다.

크리스 페리